季節を味わう
初めてのびん詰め

qillilly

山と溪谷社

はじめに

　ガラス瓶に詰まった季節の恵みを眺めていると、幼い頃、ビーズやビー玉を詰め込んだガラス瓶に魅せられていたときの胸の高まりを思い出します。大事な宝物を棚に並べて心躍らせていた当時と同じように、今も胸がときめくのです。

　瓶詰を作り始めて気付いたのは、食材が持つ色彩や形の美しさです。柑橘の断面に広がる美しい模様や、季節ごとに変わる野菜の濃淡に毎回心を奪われます。色鮮やかな食材から染み出るエキスで色づいていく瓶詰は、まるで魔法のようです。

　瓶詰にすることで現れる食材の姿はとても魅力的。自然の恵みの力を借りて、色とりどりの食材に想いを寄せながら瓶詰を作る時間は、私の創造の場でもあります。ハーブやスパイスを加えてみたり、調味料を変えてみたり。毎回違った味わいを楽しんでいます。試行錯誤する過程も心満たされる時間です。

　巡る季節に合わせて暮らしていきたい。いつでも好きな食材が手に入る今、旬の食材を楽しみに待つ時間は貴重です。そんな中、瓶詰づくりは、季節の恵みに感謝する機会を与えてくれています。

　食材の保存性を高めたり、美味しくしたりと実用的な目的を持つ瓶詰ですが、それだけではなく、ガラス瓶に詰まった季節の恵みを「綺麗だな」と感じる時間も楽しんでもらえたら嬉しいです。

　　　　　　　　　　　　　　　　　　qillilly

旬の素材で
季節を味わう

　台所に立つことが好きで、日がな一日台所に居ると言っても過言ではない私は、旬の食材に触れることで季節の移り変わりを感じています。季節ごとの食材を瓶詰にしていく作業は、私の気持ちを満たし、出来上がった瓶詰は私の暮らしの安心材料となります。折々で作る瓶詰に入っているのは"美味しい"の素。常備菜とも違う、旬の食材の力を借りた、日々の食卓を充実させる"素"を瓶の中に詰め込んでおけば、目まぐるしい日々の助けとなり、少しの余裕をもたらしてくれます。

　この本で掲載している瓶詰の多くは、古くから日常のなかで作られてきたものばかりです。特別なレシピではありません。私も、人生の先輩方から直接教わったり、残してくださった本を参考にしたりして、自分なりの瓶詰を作ってきました。

　例えば、1年中手に入るキャベツですが、春に収穫される柔らかで甘みの強い「春キャベツ」を使って、いつもの料理を作ってみたら、どんな違いがあるのだろう……「春キャベツ」を通して「春」を感じる。そうやって、少しだけこだわってみると、その旬の時期にしか味わえない特別な美味しさを楽しむことが出来ます。

　分量に絶対はなく、使う調味料や食材も各家庭で違います。"美味しい"の基準も人それぞれです。その時その時の塩梅を確認して、好きに、自由に作っていく。出来上がりが想像していたものと違っても、それはそれでいいじゃないかという気持ちで。そうしたら、自分だけの瓶詰が完成します。瓶の中でゆっくりと変化していく食材を眺めながら、心平らかに。家族のため、自分のために楽しんで瓶詰を作っています。

目次

はじめに ……………………………………… 2
旬の素材で季節を味わう ……………………… 4
瓶詰の基本① 道具の準備 …………………… 8
瓶詰の基本② 材料の準備 …………………… 9
瓶詰の基本③ ガラス瓶の消毒 ……………… 10
瓶詰の基本④ 保存場所と注意 ……………… 12
瓶詰の基本⑤ 下処理のこと ………………… 13
春夏秋冬 素材別カレンダー ………………… 14
この本の見方 ………………………………… 16

Chapter 1 春
新しい季節のはじまり

グレープフルーツの下処理 ………………… 18
ふきの下処理 ………………………………… 19
グレープフルーツのマリネ ………………… 20
いちご酢 ……………………………………… 22
タンカンのマーマレード …………………… 24
葉生姜の甘酢漬け …………………………… 26
ふきの甘酢漬け ……………………………… 28
たけのこのオイル漬け ……………………… 30
にんにく醤油 ………………………………… 32
赤玉ねぎドレッシング ……………………… 34
春キャベツのザワークラウト ……………… 36
梅の下処理 …………………………………… 38
青梅シロップ ………………………………… 40
梅みそ ………………………………………… 42
紫蘇ジュース ………………………………… 44
［春 Column 1］
　梅干し …………………………………… 46
［春 Column 2］
　心が和む「梅干しづくり」
　暮らしを紡ぐ幸せを感じる … 48

Chapter 2 夏
さわやかな風を感じる瓶詰

実山椒の下処理 ……………………………… 50
赤紫蘇の下処理 ……………………………… 51
シラスと実山椒のふりかけ ………………… 52
ナスとキュウリの柴漬け …………………… 54
ブルーベリー酢 ……………………………… 56
シークヮーサーシロップ …………………… 58
ルバーブジャム ……………………………… 60
焼きネギのマリネ …………………………… 62
キュウリとディルのピクルス ……………… 64
トマトとハーブのオイル漬け ……………… 66
［夏 Column 1］
　観賞用に瓶詰ほおずき ………………… 68
［夏 Column 2］
　夏の終わりの家仕事 …………………… 70

Chapter 3 秋
実り豊かな秋の瓶詰

栗の下処理	72
栗の渋皮煮	74
柿ジャム	76
柿とオレンジのコンポート	78
無花果のコンポート	80
マッシュルームときのこミックスのオイル漬け	82
新生姜の甘酢漬け	84
紫大根の甘酢漬け	86
［秋 Column 1］調味料を作って瓶詰にする	88
［秋 Column 2］自分で作るからこそわかる市販品との距離感	90

Chapter 4 冬
心も体もぽかぽかにあたためる瓶詰

みかんの下処理	92
みかんのシロップ漬け	94
レモンシロップ	96
りんごとシナモン	98
金柑のシナモン煮	100
柚子茶	102
花梨の蜂蜜漬け	104
花梨酒	106
生姜の蜂蜜煮	108
おわりに	110

瓶詰の基本 ❶
道具の準備

数日から数年、保存する保存瓶と瓶詰作りに使う道具は、とにかく清潔に保つということが大事です。保存瓶だけでなく、トングやザルなどの調理過程で使用する道具もこまめに消毒することを心掛けています。

保存瓶

丈夫で耐熱性もあり匂い移りも少ない、資源としてリサイクルできるガラス瓶。瓶詰には、購入した食品の空き瓶も再利用しています。長期保存するジャムなどは、脱気しやすいネジ蓋のもの、果実酒は熟成途中で果実を取り出すことも多いので広口のものが適しています。匂い移りしてしまったら、そのつど蓋やパッキンだけ交換して使います。

煮沸用鍋

硝子瓶がすっぽり入るくらいの大きい鍋。煮沸消毒をする際には、瓶と鍋底の間に布巾などを敷いて沸騰させます。

ザル

瓶詰にする際には、食材を天日に干したり、しっかり乾かしたりすることが多いので、ザルはよく使います。小さめのものを何個かもっていると、普段の調理にも使えて便利です。

ラベル

瓶詰の仕上げにラベルを取り付け。名前だけでなく、仕込んだ日付も書き込みます。原材料や、分量、実の取り出し時期なども書き込んでおくと、忘れずにすむのでおすすめです。荷札は、瓶の中身が空になっても保管しておけるので翌年の仕込みに役立ちます。

消毒液

長期保存ではない、瓶詰の保存瓶の消毒や、調理で使用する用具の消毒にはアルコールスプレーを使用しています。パストリーゼは食品用のアルコール消毒液で、大容量の詰め替えもあるので重宝しています。

トング

煮沸消毒用のトング。煮沸消毒はとても危険な作業なので、瓶を持ち上げる専用のトングがあると安全です。1つあると茶碗蒸しなどの蒸し料理の取り出しにも使えて便利です。

瓶詰の基本❷

材料の準備

使う材料の種類は自由です。普段から使っているもので、瓶詰を作ってみてください。作るものによっては、向き不向きがありますが、そこもまた自家製の楽しみ方です。いろいろと試して自分好みの味を見つけてみてください。ここでは私が使っている調味料を紹介します。

砂糖

きび糖をよく使用するので、私の瓶詰はやや褐色気味。果実の鮮やかな色を出したいときなどには、白砂糖やグラニュー糖がおすすめです。一緒に合わせる果実の香りや風味を感じて、選んでみてください。
果実酒やシロップには、純度の高い氷砂糖を。ゆっくりと果実のエキスを引き出してくれます。

中日本氷糖株式会社

琉球フロント

波照間製糖株式会社

お酢

ピクルスや果実酢などで使用することが多いので、まろやかな米酢を常備しています。よく使う千鳥酢は一升瓶で購入しています。

村山造酢株式会社

塩

味付けだけでなく、調理過程でも使う塩。用途によって使い分けていますが、塩選びの基準として、精製されていない、ミネラルが豊富なものを選んでいます。

海の精

オリーブオイル

オイル漬けで使用しているのはエクストラバージンオリーブオイルです。オリーブオイルは産地や製法によって風味が違うので、いろいろと試して楽しんでいます。酸度の低いものがおすすめです。

アルチェネロ

レモン果汁

搾りたてのレモン果汁が一番ですが、急に用意できないことも多々。そんな時のために、市販のレモン果汁も常備しています。添加物の入っていないものを選んでおけば安心です。

無茶々園
れもん

はちみつ

お砂糖のかわりに使うことも多いはちみつ。国産の純粋はちみつ（ミツバチが集めた自然の状態のもの）を使っています。ひと匙ひと匙をミツバチさんからのお裾分けだと思って、大事にいただきます。

中村養蜂

お酒

無味無臭のホワイトリカーは、果実の香りや味をそのまま引き出してくれます。漬ける果実によって、お酒の種類を変えてみるのも自家製果実酒の楽しみ。ロックで飲む用に度数の低いお酒で仕込むこともありますが、長期熟成には向いていないのでご注意を。（アルコール度数20度未満のお酒を使った自家製酒作りは法律で禁止されています。）

ホワイト
タカラ

梅酢

梅干しを作る過程でできる梅酢。毎年、梅干し作りの際に取り分けて保存しています。赤紫蘇の鮮やかな色素と香りが染み込んだ赤梅酢は、柴漬けや紅ショウガづくりに使います。

醤油

大豆と小麦、食塩のシンプルな材料で作られた醤油を愛用しています。いろいろな料理に合わせやすいまろやかなお醤油です。

弓削田醤油

瓶詰の基本 ❸
ガラス瓶の消毒

瓶詰を作る際には、容器の消毒は欠かせません。特に、完成までに時間のかかるものや、長期保存するものは、しっかりと煮沸消毒をして腐敗の原因となるカビや雑菌の繁殖を抑える消毒作業が必要です。

ガラス瓶の破損を防ぐため、大きめの鍋の底にふきんを敷きます。

ふきんの上に瓶と蓋を入れます。

瓶がかぶるくらいの水を入れます。沸騰したお鍋にガラス瓶を入れると、急な温度差で、割れてしまう場合があります。水から強火で沸騰させましょう。

沸騰したら、火を弱め5分以上煮沸します。変形しやすい蓋の場合は早めに取り出します。

火を止め、熱いうちにトングで取り出して口を下向きにして水を切ります。火傷の危険が伴う作業なので注意が必要です。

そのまましっかり乾かします。

> 瓶詰の基本 ❹

保存場所と注意

家庭で手作りする瓶詰には、保存料や添加物が入っていないので、保存期間の判断には注意が必要です。しっかり消毒をしていても、使った材料の状態や保管場所など、条件によって瓶詰の中身は様々な状態に変化します。いただく前にしっかりと確認しましょう。おいしく食べられる時期の見極めが大事です。

保存場所

瓶詰の種類によって、保存場所が異なります。常温で保存する際には、直射日光と気温に注意してください。なるべく一年を通して気温の変化が少ない、涼しい場所を探して、瓶の中の様子を確認しながら保存しましょう。気温の上がる夏場には、保管場所を移動するなど、臨機応変に対応します。冷蔵保存の際にも、庫内の環境（結露の発生など）に注意して保管しましょう。

> **主な保存場所**
> ❶ 冷蔵庫
> ❷ 冷暗所（日光が当たらず、風の通しの良い場所）

食べるときの注意点

瓶詰は、封を開けてからも数日楽しむことがあると思います。その際には、取り分け用の箸や匙を用意して使います。調理過程以外でも雑菌の繁殖はしてしまうので、注意が必要です。

瓶詰の基本❺

下処理のこと

瓶詰の味付けはいたってシンプルです。だからこそ素材の下処理がポイントになります。この本で紹介した素材の下処理を紹介します。

グレープフルーツの皮むき

分厚いグレープフルーツの皮も、湯通しすれば、手で簡単に剥くことが出来ます。実に火が通らないように加減しながら、お鍋の中でコロコロ転がして、すぐに冷水で冷やします。あとは簡単。十字に切り込みを入れて剥いていきます。（詳細は→P.18）

ふきのアク抜き・皮むき

ふきの皮むきは、一見とても面倒に思われがちですが、実はとっても楽しい作業です。アク抜きをして冷ましたふきの端を指で少しずつ引っかけていく。地味な作業ですが、皮が剥けて出てくる、鮮やかな翡翠色に毎回感動します。（詳細は→P.19）

実山椒のアク抜き

実山椒のアク抜きは、爽やかな芳香の特典付き。実と茎を丁寧にはずす工程は、ぷちぷちとした感触も気持ちよく、無心で没頭してしまいます。まとめて下処理をして小分けして冷凍しておけば、いつでも使えて便利です。（詳細は→P.50）

赤紫蘇のアク抜き

力を込めてぎゅっぎゅと塩を揉み込んで、赤紫蘇のアクを絞り出していきます。たくさんあった赤紫蘇も塩もみすれば手のひらに収まるくらいの量に。指先が赤く染まってしまうので、手袋をつけての作業をおすすめします。（詳細は→P.51）

みかんの下処理

ほぐれやすいみかんの実。重曹を使えば、実の形をくずすことなく綺麗に薄皮を剥くことが出来ます。楊枝をつかって開いてからそっと優しく剥いてください。缶詰みかんのような食べごたえのあるひと房の誕生です。（詳細は→P.92）

春夏秋冬
素材別カレンダー

春	タンカン	タンカンのマーマレード
	いちご	いちご酢・いちごジャム・シロップ
	グレープフルーツ	グレープフルーツのマリネ・蜂蜜漬け
	赤玉ねぎ	赤玉ねぎドレッシング・酢玉ねぎ
	たけのこ	たけのこのオイル漬け
	ふき	ふきの甘酢漬け・ふき味噌
	新玉ねぎ	新玉ねぎの蜂蜜漬け
	春キャベツ	ザワークラウト
	葉しょうが	葉生姜の甘酢漬け
	にんにく	にんにく醤油・にんにく酢
	梅	小梅干し
		青梅シロップ・梅酢・梅みそ・紫蘇ジュース・梅ジャム
夏	ナス	ナスとキュウリの柴漬け
	山椒	山椒の醤油漬け・シラスと山椒のふりかけ
	ブルーベリー	ブルーベリー酢・ブルーベリーシロップ
	ルバーブ	ルバーブジャム
	キュウリ	キュウリとディルのピクルス
	トマト	トマトとハーブのオイル漬け・トマトソース
	バジル	バジルペースト
	シークヮーサー	シークヮーサーシロップ
	ネギ	焼きネギのマリネ
	みょうが	みょうがの甘酢漬け

季節と瓶詰を楽しむためには、素材の旬を知っておくと便利です。ただ地域によっても旬の時期は少し違ったり、素材によって春と秋に旬が来るものもあります。ここではこの本に登場する素材を中心に紹介します。

秋	かぼす	かぼすシロップ
	無花果	無花果のコンポート・無花果ジャム
	紫大根	紫大根の甘酢漬け
	マッシュルーム	マッシュルームときのこミックスのオイル漬け
	栗	栗の渋皮煮・栗ジャム
	柿	柿ジャム・柿とオレンジのコンポート
	新生姜	新生姜の甘酢漬け
	洋ナシ	洋ナシのコンポート
冬	生姜	生姜の蜂蜜煮・ジンジャーシロップ
	柚子	柚子茶・柚子ぽん酢・柚子酒
	レモン	レモンシロップ・塩レモン
	みかん	みかんのシロップ漬け
	りんご	りんごとシナモン煮・りんごジャム・りんご酒
	花梨	花梨の蜂蜜漬け・花梨酒
	金柑	金柑のシナモン煮

この本の見方

この本では春夏秋冬の季節ごとの素材で作る瓶詰レシピを紹介しています。

下処理
下処理の工程があるものを紹介しています。

瓶詰レシピ
季節の瓶詰レシピを紹介しています。

材料
この分量は、使用する素材の分量や、瓶の大きさ、お好みなどによってもかなり違ってきます。ここでは自分が作るときの目安になるように、素材量や重さをベースに紹介しています。調味量もお好みで調整してください。

保存
保存場所や賞味期限の目安を紹介しています。

ARRANGE
基本の調味量などを変更してできる瓶詰を紹介しています。

POINT
食べ頃や、調理のポイントを紹介しています。

RECIPE
そのページで紹介している瓶詰を使った飲み物や食べ物を紹介しています。

Chapter 1 | 春

新しい季節のはじまり

いちごやタンカン、春キャベツ…
旬の素材をふんだんに使った瓶詰レシピ。
おやつにも、おかずを彩る一品にも。
テーブルに華やかな春を演出します。

グレープフルーツの下処理

グレープフルーツの皮は少し硬くて剥きにくく難航しがちです。
下処理の方法を覚えておくと無理なくできます。

材料

グレープフルーツ

1

鍋に湯を沸かして、グレープフルーツを丸ごと鍋に入れて3分〜5分ほど茹でる（実に火が入らないように注意）。

2

取り出して冷水で冷ます。

3

十字に切り込みを入れて、蜜柑のように手で皮を剥く。

→ P.20　グレープフルーツのマリネ

ふきの下処理

ふきにはピロリジジンアルカロイド類という天然毒がふくまれているためアク抜きが必要です。しっかり下処理をしておきましょう。

> 材料

ふき・塩 …… 適量

1
ふきを鍋のサイズにカットして板ずりをする。

2
たっぷりの沸かした湯に塩のついたままのふきを入れて、3分〜5分（太さによって変える）くらいアク抜きをする。

3
冷水にとって冷ましてから皮を丁寧に取り除く。

→ P.28 ふきの甘酢漬け

グレープフルーツの
マリネ

グレープフルーツをマリネすることで、
料理にも使いやすくなります。
ディルの爽やかな香りと共に瓶詰に。
魚介やサラダに添えれば、素敵な一品の完成です。
そのまま冷えた白ワインと一緒にいただくのもオススメ。

材料

グレープフルーツ(黄) …… 1個
マリネ液の材料
　エクストラバージンオリーブオイル
　　…… 大さじ2
　蜂蜜 …… 大さじ1
　塩 …… 少々
　ディル …… 3本

作り方

1. グレープフルーツの皮を剥く。(P.18の下処理参照) 薄皮も剥いて分ける。
2. ディルは洗って水気を拭く。
3. マリネ液を作り、皮を剥いたグレープフルーツと2に優しく和える。
4. 3を瓶に詰める。

| 保存 | 冷蔵で3日くらい |

ARRANGE

グレープフルーツの蜂蜜漬け

基本の材料を少し変えるだけで、スィーツができます。グレープフルーツをまとめてカットして、蜂蜜漬けにして冷蔵保存しておけば、いつでもちょっとしたデザートになります。ローズマリーの香りとも相性良し。赤いグレープフルーツを使うことで見た目も鮮やかな印象に。瓶にグレープフルーツとローズマリーを詰めたら、蜂蜜を注いで完成。

Chapter 1 ● 春　新しい季節のはじまり

いちご酢

蓋を開けると、いちごの甘い芳醇な香りがふわっと広がるいちご酢。
いちごが出回る時季に仕込む、とても飲みやすいフルーツ酢です。
炭酸割りにしたり、アイスにかけたり。
鮮やかな赤に目を奪われながら完成させます。

> 材料

いちご …… 1パック〜2パック
砂糖 …… いちごと同量
酢 …… いちごの1.5倍〜2倍

> 作り方

1. いちごを洗って、しっかり水気を切る。
2. 氷砂糖と一緒に瓶に詰めて酢を注ぐ。
3. 冷暗所で保存し、氷砂糖が溶けたら完成。完成したいちご酢は冷蔵庫で保存する。酢に実がしっかり浸かっていないとカビが生える可能性があるので、確認する。

保存 │ 冷蔵で半年くらい

\ POINT /
実は3週間くらいで取り出す。

ARRANGE

いちごシロップ

お酢を入れずに、皮を剥いた輪切りレモン数枚を一緒に入れると、いちごシロップの完成です。

タンカンの
マーマレード

柑橘の皮の苦味と、爽やかな香りを丸ごと瓶に閉じ込めて。
マーマレードを作っていると部屋中が甘酸っぱい香りに包まれます。
少量の材料で、食べきれる分だけ作ってみるのもオススメです。

> 材料

タンカン …… 適量
お好きな柑橘 …… 1つ
砂糖 …… タンカン・柑橘の正味60%

> 作り方

1 タンカンと柑橘は良く洗って水気を拭いて、果汁を絞っておく（種は後で取り出しやすくするため出汁パックなどに入れておく）。

2 皮の内側にある白い部分をスプーンなどで取り除き、細切りにする。

3 鍋に水を入れて、沸騰させたら、2を入れて2回〜3回茹でこぼして、アクを抜く。

4 ザルにあげて水にさらす。

5 皮の水気をしっかり切って、果汁と合わせた重さを量り、砂糖を用意する。

6 果汁、皮、種と砂糖の半量を合わせ、弱火で煮ていく。とろみが出てきたら、残りの砂糖を加えて好みの硬さまで煮詰める。

7 種を取り除いて、熱々のまま瓶に入れる。

| 保存 | 冷蔵で2週間くらい。脱気した密閉瓶の場合、6ヵ月から1年くらい |

葉生姜の甘酢漬け

緑から桃色に。
葉から根茎にかけての色彩が美しくて、
いつも惚れ惚れしてしまうのが葉生姜。
甘酢に漬けて、良い頃合になったら
瓶ごとそのまま食卓へ。
瑞々しく、穏やかな辛みが魅力です。
焼き魚の付け合わせにも。

> 材料

葉生姜 …… 適量
甘酢の材料
　酢 …… 100ml
　砂糖 …… 40g
　塩 …… ひとつまみ

> 作り方

1. 葉生姜は茎の部分を5センチほど残して切る。
2. 生姜部分を綺麗に洗って薄皮をこそぐ。
3. 湯を沸かしてさっと湯がく。
4. ザルにあげて塩(分量外)をふる。
5. 粗熱を取りながら乾かす。
6. 甘酢の材料をひと煮立ちさせて冷まして瓶へ。
7. 粗熱の取れた葉生姜を瓶に漬ける。
瓶から出ている部分をふわっと覆うように、ラップをして冷蔵庫へ。

保存 │ 冷蔵で1週間くらい

\ POINT /
翌日くらいからが食べ頃です。

ふきの甘酢漬け

春の山菜ふき。おひたしや煮物にしていただく事が一般的ですが、
甘酢漬けにするのもおすすめです。
甘酢に漬けて瓶詰にしておけば、ふき特有の苦味と香りを
ゆっくり楽しむことが出来ます。

> 材料

ふき …… 下処理済み（P.19の下処理参照）適量
甘酢の材料
　酢 …… 90ml
　砂糖（写真はきび糖）…… 60g
　塩 …… 少々

> 作り方

1　下処理したふきを食べやすい大きさに切る。

2　水気をしっかり切って、瓶に詰める。

3　甘酢の材料をすべて鍋にいれ、ひと煮立ちさせる。
　　粗熱が取れたら、瓶に注ぐ。

保存 ｜ 冷蔵で1ヵ月くらい

たけのこのオイル漬け

芳ばしく焼き色を付けたたけのこをオイル漬けに。
きのこと一緒にマリネにしたり、ベーコンと合わせてパスタにしたり。
にんにくの香りと鷹の爪の辛みも加わって、お酒がすすむオイル漬けです。

材料

たけのこ（下茹でしてあるもの）…… 150g〜200g
にんにく …… 1片
パセリ …… 1枝
塩 …… 適量
エクストラバージンオリーブオイル
　…… たけのこが浸かるくらい
鷹の爪（お好みで）

作り方

1 にんにくは薄切りに、たけのこは好きな大きさにカットする。

2 たけのこの水分をしっかり拭き取る。

3 フライパンに、オリーブオイル（分量外）をしき、にんにくを炒めて香りをたたせる。

4 たけのこを焦げ目がつくようにしっかり炒めて、塩で味付けする。

5 粗熱が取れたら刻んだパセリと一緒に瓶につめてオリーブオイルを注ぐ。

6 お好みで種を取り除いた鷹の爪も一緒に入れる。

保存 ｜ 冷蔵で5日くらい

RECIPE

たけのこのマリネ

たけのこのオイル漬けに生ハムと茹でたしめじを合わせた簡単マリネです。オイルはそのまま使ってレモンをひと絞り、味をみて、少し塩で味を整えれば完成です。

にんにく醤油

にんにくを醤油に漬けておくだけの瓶詰。
にんにくにしっかり醤油が染みこんだら食べごろです。
薬味にしても、タレにしても。
ひと欠けら使い切れなかったにんにくがあったら、
迷わずこの瓶にポンと入れてしまいましょう。

[材料]

にんにく …… 1個
醤油 …… 100ml

[作り方]

1 にんにくの皮を剥く。

2 縦半分にカット。芽があれば取り除く。

3 瓶に詰めて醤油を注ぐ。

| 保存 | 冷蔵庫で1ヵ月くらい。醤油は継ぎ足して使っていける |

\ POINT /
にんにくに醤油が染み込んで黒くなったら食べ頃。

RECIPE

にんにく酢

醤油ではなく、お酢に漬けておけば、にんにく酢にもなります。にんにくの成分が溶けだした万能調味料です。そのまま食べても。お肉の煮込みにも使えます。

赤玉ねぎ
ドレッシング

ドレッシングは使い切れる分だけ作ります。
粗みじん切りにした赤玉ねぎのドレッシングは、
一緒にサラダにするお野菜にも絡みやすく、
食べ応えが増します。
マリネ液の材料としても重宝します。

材料

赤玉ねぎ …… 1個
エクストラバージンオリーブオイル …… 大さじ3
レモン汁 …… 大さじ1
ハチミツ …… 小さじ1〜2
塩 …… ひとつまみ

作り方

1. 赤玉ねぎを薄切りにする。辛味が気になる場合は、赤玉ねぎを15分ほどザルに広げて辛味を取る(赤玉ねぎは普通の玉ねぎよりも辛味が少ないので、そのまま使っても大丈夫)。
2. レモンの果汁を絞る。お好みで赤玉ねぎをみじん切りにする。
3. 材料を全て混ぜ合わせて瓶に詰める。
4. 冷蔵庫で半日ほど馴染ませて完成。

保存 ｜ 冷蔵で5日くらい

ARRANGE

酢玉ねぎ

100mlのお酢に、蜂蜜大さじ2と塩少々を溶かし、スライスした玉ねぎを漬けておくだけ。サラダや和え物、肉料理のソースにも使えます。常備菜として作っておくと便利です。

春キャベツの
ザワークラウト

ガラス瓶でザワークラウトを作ると、
ぷくぷくと発酵する乳酸菌の力を観察することが出来ます。
ゆっくりと変化していくキャベツを眺めながら食べ頃を見極めて、
自分好みの酸味を探して楽しんでいます。

> 材料

キャベツ …… 半玉～1玉（写真は半玉）
塩 …… キャベツの2%
砂糖 …… 少々
胡椒（ホール）…… 5粒
キャラウェイシード …… 少々
ローリエ …… 1枚

> 作り方

1. キャベツを千切りにする。
2. キャベツに塩を揉み込んで水分を出す（数回にわけると揉み込みやすい）。
胡椒・キャラウェイシードをキャベツに混ぜて、揉み込んで出た水分とローリエも一緒に瓶に詰める。
3. 瓶の底にキャベツを押し付けるようにして水分を押し上げる。
4. 使わなかったキャベツの外葉を折りたたんで落し蓋代わりにする。水を入れた瓶などで重石をする。
5. キャベツを常温で発酵させる。
発酵中は、水分がキャベツよりも上がっているか確認する。上がっていたら落し蓋は取り除く（キャベツが水分から出てしまっていると腐敗してしまうため）。
6. キャベツの色が黄色くなって、気泡が出てきたら味をみて完成。それ以上の発酵を防ぐため、冷蔵庫へ。

保存 │ 冷蔵で1ヵ月くらい

青梅の下処理

材料

青梅

1

梅の実を選別する。傷んでいるものは、カビのもとになるので、梅シロップや梅酒には使用しない。熟し始めているものは、梅干しや梅ジャム作りに。

2

大きめの鍋などに水をため、青梅をやさしく洗う。新たにたっぷりの水を用意して、青梅を漬け、アク抜きをする（2〜4時間）。

フレッシュな青梅の状態をひとつひとつ確認して、
丁寧に下処理していく時間は、このあとの梅仕事への期待を高めてくれます。
時間のかかる作業ですが、子どもたちに手伝ってもらって、
ゆっくり慌てず楽しんでいます。

3

清潔な布巾や、ペーパーでひとつひとつしっかり拭き上げたら、楊枝などを使って、なり口を取り除き、その中も丁寧に拭く。

4

ザルに広げて半日くらい陰干ししてしっかり乾かす。

→ P.40　青梅シロップ、→ P.42　梅みそ

青梅シロップ

1年で1番待ち遠しい家仕事。自分で作る青梅シロップは格別です。
青梅がザルに広げられている光景は、我が家の初夏の風物詩。
甘酸っぱい爽やかな香りと、瓶の中できらきら輝く溶け始めの氷砂糖に癒されます。

> 材料

青梅 …… 下処理済み（P.38の下処理参照）
　　　　　500g〜1000g
氷砂糖 …… 青梅と同量

> 作り方

1. 氷砂糖と青梅を交互に瓶に詰めていく（一番上と下は氷砂糖にする）。
2. 氷砂糖が溶けて梅が漬かる状態になるまで1日に2回は上下を返して梅が砂糖を纏っている状態にする。冷暗所で保管しながら氷砂糖が溶けきるのを待つ（毎日返しながら）。
3. 3週間くらいしたら、梅を取り出してシロップだけを保管する。

保存｜冷暗所で1年くらい

ARRANGE

梅酒

梅酒作りは奥深い。手順は簡単ですが、選ぶ梅の品種やお酒、砂糖の種類、熟成期間で全く違う梅酒が出来上がるのが自家製梅酒の面白いところ。梅の実を取り出すタイミングも各家庭それぞれ。私は1年ほど漬けています。

梅みそ

梅のエキスがたっぷり染みこんだ味噌は、夏野菜との相性良し。
砂糖を加えて甘い味噌に仕上げるのがポイント。
梅シロップ用にアク抜きした青梅を少し拝借して、梅味噌に。
簡単にできる美味しいお味噌です。

材料

青梅 ‥‥‥ 下処理済み（P.38の下処理参照）適量
味噌 ‥‥‥ 青梅と同量
砂糖 ‥‥‥ 梅の60％

作り方

1. 味噌と砂糖をよく混ぜ合わせたら、瓶に味噌と青梅を詰めて、冷蔵庫にて1ヵ月寝かせる。
2. 1ヵ月経ったら、梅を取り出して細かく攪拌（みじん切りでも可）して味噌に戻して完成。

保存 ｜ 冷蔵で半年くらい

RECIPE

ササミときゅうりの梅味噌和え

ササミときゅうりの梅味噌和えはお酒のすすむ一品です。アクセントに大葉と胡麻も散らして、最後に少しだけごま油で香りづけ。梅エキスたっぷりの甘酸っぱい梅味噌は、いろいろなお野菜に合います。

紫蘇ジュース

赤紫蘇が出回る時季の特別なジュース。
アク抜きせずに、赤紫蘇をそのまま煮出すので簡単。
砂糖多めの濃縮ジュースを作って、
炭酸割りにするのが我が家の飲み方です。
リンゴ酢を使うと、飲みやすく仕上がります。

材料

赤紫蘇（写真は裏赤紫蘇）…… 水1Lに対して50g〜80g
砂糖 …… 200g
リンゴ酢 …… 200ml
水 …… 1L

作り方

1. 沸騰した湯に、洗った紫蘇を入れて5分くらい煮出す。
2. 紫蘇を取り出したら砂糖を加える。
3. 砂糖が溶けて粗熱が取れたらリンゴ酢を加える。
4. 都度味見をして甘味と酸味を調整する。
5. 瓶に入れて保存する。

保存 │ 冷蔵で2週間くらい

\ POINT /
炭酸割りも美味しい！

梅干し

材料

完熟梅 …… 3kg
塩 …… 梅の15%〜18%
赤紫蘇（茎を取り除いた葉）
　　…… 梅の20%
塩 …… 紫蘇に対して10~20%

作り方

1　完熟梅を優しく丁寧に洗い、なり口を取り除いて水気を丁寧に拭く。

2　ざるに広げて日陰干しして、しっかり水分を飛ばす。

3　梅と重しが入る大きめの容器に塩と梅を交互に敷き詰めていく（上下は塩）。このとき重石の力が均等にかかるように平らに敷き詰めていく。

4　全て詰め終わったら落し蓋をして梅の重量の2倍の重石を置く。容器の大きさによっては蓋が閉まらないのでラップなどで埃が入らないように封をする。梅酢が上がってくるのを待つ（2、3日）。梅酢が上がって、梅全体が浸かるようになったら紫蘇の準備をする。（P.51の下処理参照）

大きな琺瑯容器で漬けています。土用干しが終わって完成した梅干しは、
きっちり3kg分入るガラス瓶で保存しています。
ここでは私が毎年作っている梅干しレシピの紹介です。

5 上がってきた梅酢を少し取りだして下処理した紫蘇にかけて紫蘇をほぐす。紫蘇を梅干しの上に戻す前に、梅酢を取りだしておくと「白梅酢」が手に入る。

6 ほぐした紫蘇を梅干しの上に広げる(ほぐすのに使った梅酢も一緒に戻す)。ゆっくり容器を傾け回し、全体を馴染ませる。

7 落し蓋をして重石を一つ減らす(最初は5kg〜6kg・紫蘇を入れたら3kg)。梅雨が明けるのを待つ。

8 梅雨が明けたら3日間晴天が続く日を待って土用干しをする。梅が重ならない大きさのザルに梅をひとつひとつ並べてしっかりと日に当てる(日中ひっくりかえして夜は家の中へ)。3日目の夜だけ翌朝まで出しておいて夜露に当てる。

9 皮の乾き具合を確認して取り込む(しっとりが良ければ朝・もう少し乾かしたければ午後など)。

10 しっかりと消毒した保存瓶に入れて保存する。

心が和む「梅干しづくり」
暮らしを紡ぐ幸せを感じる

梅干し作りは、年に1回。毎年6月中旬〜8月頃までの数ヵ月にかけて行います。完熟梅の準備から始まり、塩分濃度、赤紫蘇の調達、天気予報の確認と土用干しの日程調整まで。同時進行で梅酢を採取したり、紫蘇ジュースを作ったり。ゆかりも干して、仕上げなければ！！と、とにかくこの時季の私は、常に梅干しの事で頭がいっぱいです。

そばで見守る家族からすると、毎年大変そうだと感じるようですが、梅干し作りに没頭しているこの時間は、不思議と私の心を和ませてくれます。思い通りにいかず苦労する年もありますが、それもまた楽しい。翌年使う梅干しを、今年自分の手で作る。そうやって暮らしを紡いでいける幸せを感じています。

Chapter 2 | 夏

さわやかな風を感じる瓶詰

ブルーベリーにシークヮーサー、トマトなど、
夏においしい瓶詰レシピです。
あっさりとさわやかな味が
夏バテ気味のお腹も元気にしてくれます。

実山椒の下処理

6月から7月の時期にしか採れない山椒。実の色がきれいな
緑色のものを選びましょう。黒くなっているものは取り除いて使います。

| 材料 |

実山椒 …… 適量　　塩 …… 適量

1

実山椒を一粒ずつ小枝から外していく。
ハサミをつかってもOK。

※小分けして冷凍しておくと
　1年程度保存することが出来ます。

2

沸騰したたっぷりのお湯に塩を多めにいれて、弱火で5分ほど茹でる。1時間ほど水にさらしたら、味をみて、まだアクがあるようなら水を交換して漬けておく。アク抜きが完了したら、ザルにあげしっかりと水をふきとる。

→ P.52　シラスと実山椒のふりかけ

赤紫蘇の下処理

梅干しを鮮やかな赤に染める赤紫蘇。防腐・殺菌効果もありますが、しっかりとアクを抜く下処理が必要です。また梅干し作りや柴漬け作りにも必要な塩もみ。指先が赤く染まってしまうので、手袋のご用意を忘れずに。

| 材料 |

赤紫蘇 …… 適量

1
赤紫蘇の葉を太い茎から外し、たっぷりのため水の中で洗い、水気を切って、ザルに広げて半日くらい乾かす。

2
大きいボールや鍋を利用してアク抜きをする。紫蘇に対して10％〜20％の塩の1/2を紫蘇に揉み込んでいく(手袋必須)。しっかりと絞って、アクを捨てる。

3
残りの塩を加えてもう一度アク抜きをする。アクが出てこなくなったら、しっかり絞ってアクを捨てる。

→ P.54 ナスとキュウリの柴漬け

シラスと実山椒のふりかけ

本当はちりめん山椒だけど。シラスで作ってみたら、
シラスがふわふわで美味しかった瓶詰です。
ちりめん山椒ほど日持ちはしないけれど、ごはんのお供ですぐに食べてしまうので、
しっとりシラスもおススメです。

材料

シラス …… 50g
実山椒 …… 下処理済み（P.50の下処理参照）大さじ2
A ｜ 酒 …… 50ml
　｜ 砂糖 …… 大さじ1
　｜ みりん …… 大さじ1
　｜ 薄口醤油 …… 大さじ1

作り方

1. Aの材料を煮立たせる。
2. 下処理済みの実山椒を入れて5分くらい煮る。
3. 煮汁が半分ほどになったら、シラスを加えて煮詰める。
4. 粗熱が取れたら瓶へ入れて保存。

※ちりめんではなくシラスを使っています。
　煮崩れしやすいためシラスは後から入れましょう。

保存 水分が多いので長期保存は不向きです。なるべく早く召し上がってください。

ARRANGE

山椒の醤油漬け

ピリリとした刺激と清涼感溢れる香り。生の実山椒の特別な味わいを醤油に閉じ込めます。白身のお刺身に添えたり、ドレッシングや煮物に使ったり。刺激的な醤油漬けです。

Chapter 2 ● 夏　さわやかな風を感じる瓶詰

ナスとキュウリの柴漬け

普段よく使う青じそと違って、初夏から数ヵ月しか店頭に並ばない赤紫蘇。
赤紫蘇を使って作る柴漬けは、お茶請けにもご飯のお供にもなります。
鮮やかな赤が美しい、香りのよいお漬物です。

材料

キュウリ …… 2本
ナス …… 4個
みょうが …… 2個
生姜 …… 半欠け
大葉 …… 5枚
赤紫蘇 …… 下処理済み（P.51の下処理参照）50g
酢 …… 大さじ2
煮切り味りん …… 大さじ2　※本みりんをラップしないでレンジで50〜60秒（600W）ほど加熱したもの。

作り方

1. ナスとキュウリ、みょうがは縦半分に切ってから、斜め薄切りに。皮を剥いた生姜と大葉は千切りして、丈夫な保存袋にいれて混ぜ合わせる。（ナスと大葉は水に浸してアク抜きをする）全てを混ぜ合わせて、総量の2%の塩をふり、揉み込む。
2. 水を入れたペットボトルなどの重しをして冷蔵庫で半日ほど置く。取り出したら、しっかりと水分を絞る。
3. 下処理済みの赤紫蘇に、お酢と味りんを馴染ませ赤紫蘇をほぐす。
4. ほぐした赤紫蘇と2を合わせて瓶に詰める。冷蔵庫で2日ほど寝かせて完成。

保存 ｜ 冷蔵で2週間くらい

ARRANGE

梅酢の柴漬け

梅干しを漬けて、梅酢が手元にある場合は、梅酢50mlと煮切り味りん大さじ1を使って、手軽に柴漬けを作ることができます。梅干し漬けに使った赤紫蘇をそのまま一緒に漬けこむとより香りもUP。

Chapter 2 ● 夏　さわやかな風を感じる瓶詰

ブルーベリー酢

暑い夏は、ブルーベリー酢を飲んで乗り切る！
難しい下処理がないブルーベリー酢は、手軽に作って楽しむことができます。
冷たい飲み物の消費が増える夏、自家製の果実酢があると安心です。
炭酸割りがオススメ。

[材料]

ブルーベリー …… 適量
氷砂糖 …… ブルーベリーと同量
酢 …… ブルーベリーの1.5倍〜2倍

[作り方]

1. ブルーベリーを良く洗って水気を拭く。
2. ブルーベリーと氷砂糖を瓶に詰める。
3. 酢を注ぐ。冷暗所で保存し氷砂糖が溶けたら完成。その後、冷蔵庫で保存。（酢に実がしっかり浸っていないとカビが生える可能性があるので、確認する）

保存 │ 冷蔵で半年くらい

\ POINT /
実は3週間くらいで取り出す。

ARRANGE

ブルーベリーシロップ

お酢を入れずに、皮を剥いたレモンの輪切りを加えて作れば、ブルーベリーシロップになります。ヨーグルトに混ぜたり、炭酸と合わせてジュースにしたりできます。

Chapter 2 ● 夏　さわやかな風を感じる瓶詰

シークヮーサーシロップ

沖縄の果実、シークヮーサーと黒糖のシロップ。
シークヮーサーの皮の苦味と黒糖のコクがバランスの良い大人味のシロップです。
苦味が気になる場合は、半量分皮を剥いても良し。
かき氷にかけても美味しいです。

材料

シークヮーサー …… 11個
レモン …… 1個
黒糖 …… シークヮーサー・レモンの1/2量
氷砂糖 …… シークヮーサー・レモンの1/2量

作り方

1. シークヮーサーを塩でこすり洗いして水分を拭いたら、横半分にカットして種を取り除く。
2. レモンの皮を剥き厚めの輪切りにする(種は取り除く)。
3. 1と2の重さを量り、黒糖と氷砂糖を用意する。
4. 瓶に氷砂糖と黒糖を一番下にして、シークヮーサーと交互に重ねていく。一番上は黒糖にする。
5. 1日2回くらい混ぜ、砂糖が溶けてシークヮーサーとレモンのエキスが抽出されたら完成。

保存 | 冷蔵庫で半年くらい

\ POINT /
実は2週間ほどで取り出す。

RECIPE

あっさり炭酸割り

シークヮーサーシロップは、炭酸やお湯で割って楽しみます。お好みでOKですが、夏にあっさりと飲みたいときは炭酸とシロップを2:1を目安にするといいでしょう。また「お湯わり」もおすすめです。こちらも2:1を目安に。

ルバーブジャム

野菜で作ったとは思えないフルーティーなルバーブのジャム。
初めて作った時から、独特の香りと酸味の虜になりました。

| 材料 |

ルバーブ …… 適量
砂糖 …… ルバーブの正味60%

| 作り方 |

1 ルバーブをしっかり洗って水気を拭いたら、1cmくらいのざく切りにする。

2 ルバーブの重さを量り、60%の砂糖を用意する。

3 鍋にルバーブをいれたら砂糖をまぶして1時間くらい寝かせる。

4 中火で煮る。アクを取りながら、とろとろになるまで煮詰めて完成。

保存 │ 脱気した密閉瓶の場合6ヵ月から1年

RECIPE

ルバーブジャムをソースに

ルバーブジャムは、ローストポークなどのお肉料理のソースにも使えます。作り方は簡単です。小鍋でルバーブジャムを温めたら、醤油を少々、火を止めてバターを溶かすだけ。甘酸っぱいソースで食がすすみます。

焼きネギのマリネ

しっかり焼き色を付けて、お出汁入りのマリネ液をたっぷり吸わせたら、
芳ばしい長ねぎの一品が完成。
冷やして食べても、和風パスタに使っても良し。
じっくり弱火で火を通すことで、長ネギの甘味が引き立つマリネです。

材料

長ネギ …… 適量
マリネ液の材料
　だし汁 …… 100ml
　酢 …… 大さじ3
　砂糖 …… 大さじ1
　醤油 …… 大さじ1
　塩 …… 小さじ1/2
　こめ油 …… 大さじ1

作り方

1. 長ネギを5cmくらいのぶつ切りにする。
2. 味が染みるように、2、3か所浅めに切り込みを入れておく。マリネ液の材料を混ぜ合わせておく。
3. 油をひいたフライパンで焦げ目がつくように焼く（弱火であまり動かさない）。
4. 粗熱が取れたら、瓶に詰める。
5. 合わせておいたマリネ液を注いで冷蔵庫で半日～1日寝かせる。

保存 ｜ 冷蔵で5日くらい

キュウリとディルのピクルス

キュウリのピクルスにはディルの爽やかな香りがとても合います。
ぷちぷちマスタードシードの辛みとにんにくも加えて、夏の定番副菜に。
キュウリが美味しい時季にはたくさん仕込んで食卓へ。

材料

キュウリ …… 2本〜3本(お好きな分だけ)
ピクルス液の材料
　ディル …… 2本〜3本
　白ワインビネガー …… 150ml
　水 …… 200ml
　砂糖 …… 大さじ6
　塩 …… 小さじ1
　マスタードシード …… 小さじ1
　にんにく …… 1片
　黒コショウ(ホール) …… 10粒

作り方

1. キュウリを適当な大きさに切って塩もみする(塩は分量外)。
2. 水分がでたら、丁寧に拭き取ってディルと一緒に瓶に詰める。
3. ピクルス液をひと煮立ちさせて粗熱を取る。
4. ピクルス液を瓶に注いで完成。

保存 │ 冷蔵で1週間くらい

\ POINT /
一日たつと味がしみて食べごろ!
ただし、水で薄めたピクルス液なので、日持ちはしません。

トマトとハーブのオイル漬け

トマトは低温のオーブンでセミドライにするとジューシーさが残るオイル漬けになります。ガーリックや、ハーブと一緒に漬けると瓶ごとに違う味わいと香りが楽しめて、料理のアレンジもしやすい瓶詰です。

> 材料

ミニトマト …… 適量
バジル …… 2、3枚
ローズマリー …… 2、3本
エクストラバージンオリーブオイル …… 適量
塩 …… 小さじ1〜2

> 作り方

1. ミニトマトを半分にカットしたら、キッチンペーパーを敷いて、切り口を下にして10分ほど置く。オーブン皿に切り口をうえにして並べてかるく塩をふる。
2. 130度のオーブンで1時間〜2時間ほど焼き、セミドライに仕上げる(この辺りはお好みで調整)。
3. 瓶にトマトとバジルやローズマリーを詰めてオリーブオイルを注ぐ。

保存 │ 冷蔵で1週間ほど

\ POINT /

トマトの大きさ、オーブンの種類によって、焼き時間が変わります。その都度確認して自分好みのセミドライに仕上げてみてください。

RECIPE

ブルスケッタ

薄く切ったバケットに、クリームチーズとトマトのオイル漬けをのせて。オイル漬けのオイルもたっぷりかけて頬張れば、口の中にトマトの酸味と甘みが広がって幸せなひと時が訪れます。おもてなしにも丁度良いブルスケッタです。

夏 Column 1

観賞用に瓶詰ほおずき

材料

ほおずき …… 適量
水 …… 適量
しっかり密閉できる瓶
（使用後捨てても大丈夫なもの）

作り方

1. ほおずきと瓶、ハサミを用意する。

4. ほおずきを瓶から取り出し、繊維を破らないように優しく洗っていく。皮が取りずらい場合、新しい水に替えてもうしばらく様子をみる。

飾り終わったほおずき。そのまま捨てるのももったいない。水と一緒に硝子瓶に詰めて「瓶詰ほおずき」を作ります。そのまま時間が経つと「透かしほおずき」になります。ただし、水に漬けたほおずきは、どんどん腐っていくので、瓶詰の寿命（綺麗に鑑賞できる時間）は短めです。

ARRANGE 乾燥ほおずき

作り方

1 瓶詰で作ったほおずきを乾燥させてつなげる。

2 乾燥したほおずきをつなげてガーランドにして飾るのもかわいい。

2 ほおずきを枝から切り取る。

3 ガラス瓶にほおずきを入れ、水を口いっぱいまで注ぎ、しっかり蓋をする。1ヵ月ほどそのまま置いておく。

※注意：鑑賞できるタイミングは4、5日くらい。あとは橙の色素が溶けだしてきます。鑑賞時期がすぎたら、お部屋の角などに置いておくのがおすすめです。

5 葉脈を白くしたい場合には、台所用漂白剤を薄めたものに漬けて色を抜いていく。（実が付いたままでも大丈夫）中の実はそのままにしても、取り除いてもOK。

夏の終わりの家仕事

鮮やかな橙色と丸い形がお部屋を彩る「ほおずき」。時間の経過とともに、少しずつしおれてくると夏の終わりを感じさせます。だけど、その飾り終わったほおずきは、まだまだ私たちの目を楽しませてくれます。

そこでおすすめなのがそのまま捨てずに水と一緒に硝子瓶に詰めて作る「透かしほおずき」なのです。前ページで作った「瓶詰ほおずき」は、時間がたつと橙色の皮が溶けていきます。

ほおずきの実と形はそのままに、葉脈だけが残った姿は、とても繊細な針金細工のような佇まい。何個か作って、糸を通せば、透かしほおずきの吊り飾りが出来あがります。自然がつくり出した完璧な美しさにほれぼれ。いつまでも眺めていられる透かしほおずき。夏が終わっても楽しめる家仕事です。

ちなみに、硝子瓶で密閉するのには理由があります。硝子瓶の中で腐らせた皮は想像の何十倍も刺激的な臭いを放ちますので、皮をはがす際は手袋をして窓を開けての作業がおすすめです。

Chapter 3 秋

実り豊かな秋の瓶詰

栗や柿、無花果など秋の味覚をまるごと使った瓶詰レシピ。
おやつはもちろん、大人のお酒のちょっとしたおつまみにも。

栗の下処理

| 材料 |

栗 …… 適量
重曹 …… 大さじ1〜2

1

鬼皮を剥きやすくするために栗を一晩水に浸ける。剥く段階で、まだ鬼皮が硬く剥きづらいようなら、熱湯に3分ほど浸けて柔らかくする。

2

渋皮に傷をつけないように慎重に鬼皮を剥いていく（栗カッターなどがあると剥きやすい）。渋皮に傷や穴が開いてしまったものは、渋皮煮には使えないので、栗ご飯などに使う。

3

湯をたっぷり沸かして重曹（小さじ1）と栗を入れる。

渋皮煮を作るために必要な鬼皮を剥く作業は、
時間も工程も多いので大変ですが、コツを掴めば意外と簡単です。
一度にたくさんの栗の下処理をすると手を痛めてしまうので、
ゆっくり休みながら楽しみましょう。

4

沸騰したら弱火にして5分くらい茹でこぼす。

※鍋の湯を変えて3と4の工程を3回繰り返す(栗の量によって回数は見極める)。

5

ザルにあげて優しく洗う(余計な皮や筋を取り除く)。

※急冷すると割れてしまうので注意。

6

丁寧に洗ったら、楊枝などを使って太い筋を取り除いて綺麗にする。

→ P.74　栗の渋皮煮

栗の渋皮煮

とにかく下処理に手間ひまかかる渋皮煮。
それでも作り続けるのは、その美味しさに毎年感動しているから。
ひと粒ひと粒が宝石のような栗の渋皮煮を瓶に詰めて、
時間をかけていただきます。秋限定の幸せです。

> 材料

栗 …… 下処理済み（P.72 の下処理参照）適量
水 …… 800ml
砂糖 …… 400g
ラム酒 …… 大さじ1

> 作り方

1 鍋に栗と水を入れる。（この時栗の量が多く、水がひたひたにならないようなら水を足して、砂糖とラム酒の量も調節する。）砂糖を半量いれて火にかける。沸騰したら、残りの砂糖を加えてアクを取る。

2 落し蓋をして沸騰しないように注意しながら30分ほど煮る。

3 火を止めてそのまま休ませる。冷めたらラム酒を加える。

4 瓶に詰める。味を染み込ませるために1日置いた方が美味しい。

保存 │ 冷蔵庫で1週間くらい

柿ジャム

完熟した柿はジャムにするのがおすすめです。
柔らかくなった柿をスプーンですくって、煮詰めていくだけ。
完熟柿の甘さを活かしたシンプルなジャムです。秋の朝食のお供にぜひお召し上がりください。

> 材料

完熟柿 …… 3個〜5個
砂糖 …… 柿の正味40%
レモン果汁 …… 1/2個分

> 作り方

1. 柿を半分に切って実を取り出す。種は取り除く。
2. 取り出した実の重さの40%の砂糖を用意する。1にレモン果汁と砂糖を合わせてしばらく置いてから、鍋に入れて中火にかける。
3. フツフツと煮立ってきたら弱火にし、途中アクを取り除きながら、とろりとするまで煮詰める。
4. 熱いうちに瓶に詰めて完成。

| 保存 | 冷蔵で2週間くらい。脱気した密閉瓶の場合 3ヵ月くらい。砂糖が少なめなので、保存期間は短めです。 |

\ POINT /
柿を加熱しすぎると渋戻りすることがあるので注意。

RECIPE

柿ジャムのカナッペ

クラッカーにクリームチーズを塗って、柿のジャムをのせたら、柿ジャムのカナッペの完成です。クリームチーズの酸味と柿ジャムのコクのある甘みが相性良し。少しずらして盛り付けるのがポイント。子どもも大人も好きな味です。

柿とオレンジのコンポート

柿とオレンジの果汁が合わさって、爽やかな大人味のデザートの完成です。
好きな本を読みながら、コンポートをいただく。素敵な秋の夜長をお楽しみください。

材料

柿（柔らかめ）…… 3個〜5個
砂糖 …… 柿の正味20%
レモン果汁 …… 1/2個分
オレンジ果汁 …… 2個分

作り方

1. 柿を横半分に切り、実の断面に十字に切り込みをいれてスプーンでくり抜き、種は取り除く。
2. 取り出した実の重さの20%の砂糖を用意する。
3. 鍋に1とレモン果汁と砂糖、水50mlを入れて中火で加熱する。沸騰したら、弱火にして柿の柔らかさと水分の様子を確認しながら好みの具合まで煮詰める。オレンジの果汁を絞る。
4. 粗熱がとれたらオレンジの果汁を加えて瓶に入れて保存する。

保存 │ 冷蔵で5日くらい

無花果のコンポート

無花果のコンポートと言ったら赤ワイン。
シナモンとクローブの香りも纏わせて、大人なデザートの出来上がり。
上品な甘味が癖になります。アイスに添えたり、バターを加えてお肉のソースにしたり。
お料理にも使えます。

[材料]

無花果 …… 460g（5個）
赤ワイン …… 300ml
水 …… 100ml
砂糖 …… 100g
レモン汁 …… 大さじ1
シナモンスティック …… 1本
クローブ …… 3粒

[作り方]

1. 無花果の皮を傷つけないように優しく洗って水分を拭く。
2. 無花果以外の材料を鍋に入れて混ぜる。
3. 無花果を優しく鍋に入れて、オーブンペーパーで落し蓋をして弱火にかける。
4. 沸騰してから10分ほど煮る。
5. 粗熱が取れたら保存瓶へ。

保存 ｜ 冷蔵庫で3・4日くらい

マッシュルームと
きのこミックスのオイル漬け

きのこの旨みをギュッと詰めこんだオイル漬け。
好きなきのこを組み合わせて作っておけば、おつまみにも料理にも幅広く活用できます。
お肉やお魚の付け合わせや、漬けたオイルごとパスタに利用しても良し。

> 材料

マッシュルーム …… 適量
舞茸 …… 適量
しめじ …… 適量
タイム …… 2〜3枝
にんにく …… 1片
ローリエ …… 1枚〜2枚
塩 …… 小さじ1〜2
エクストラバージンオリーブオイル …… 適量

※きのこは好きなものをミックスして。

> 作り方

1. 好きなサイズにきのこをカットしたら、オーブンの天板にオーブンペーパーを敷き、その上にきのこを広げる。にんにくも一緒に焼いてしまう。220度で5分〜7分焼く（きのこをカットした大きさに合わせて調整）。

2. 一度オーブンから取り出して混ぜたら、もう一度オーブンに戻して5分ほど焼く。この時、にんにくが焼けていたら、取り出しても良い。

3. 粗熱が取れたら、塩をふる。

4. ハーブ類と一緒に瓶に詰めたら、ひたひたになるまでオリーブオイルを注ぐ。

保存 ｜ 冷蔵で2〜3週間

RECIPE

きのこのオイル漬けパスタ

きのこのオイル漬けをたっぷり使った、簡単パスタはお昼ご飯の定番です。用意するのは、オイル漬けと玉ねぎ、ベーコンもあると更に良し。お塩とレモンで味を整えたら完成。お肉やお魚の付け合わせにも便利です。

Chapter 3 ● 秋　実り豊かな秋の瓶詰

新生姜の甘酢漬け

柔らかくみずみずしい新生姜の香りが食欲をそそる、甘酢漬け。
先端の桃色が甘酢に溶けだして、淡く色づくのも新生姜ならではです。
ガリと呼ばれる新生姜の甘酢漬け、家庭でも簡単に作れる箸休めです。

> 材料

新生姜 …… 適量
甘酢の材料
　昆布だし …… 200ml
　酢 …… 150ml
　砂糖 …… 50g
　塩 …… 少々

> 作り方

1　新生姜は洗って、汚れや表面の薄皮をこそぐ。

2　繊維に沿って薄切りにして、沸かした湯でさっと湯がいてザルに取り、塩を振る（分量外）。

3　生姜が冷めたら流水でさっと流してしっかり水を絞る。瓶に詰める。

4　昆布だしを温めて砂糖と塩を溶かしてお酢を加える。粗熱が取れたら新生姜に注ぐ。

保存 ｜ 冷蔵庫で1〜2ヵ月くらい

紫大根の甘酢漬け

紫大根が出回る時季、何度もつくる甘酢漬け。
白大根では味わえない独特の風味があります。
あまりに何度もつくるので、甘酢は一度に多めに作って瓶で保存。
お箸が止まらない甘酢漬けです。

材料

紫大根 …… 1本
甘酢の材料
　　酢 …… 150ml
　　砂糖 …… 120g
　　塩 …… 少々

作り方

1. 紫大根を良く洗って皮ごと薄い輪切りにする。
2. ザルなどに並べて塩を振る（分量外）。
3. しばらく待って水分が出てきたら、流水で洗ってしっかり水を絞る。
4. 瓶に大根を詰める。甘酢の材料をひと煮立ちさせて粗熱を取って、瓶に注ぐ。

保存 ｜ 冷蔵庫で1ヵ月くらい

\ POINT /
翌日くらいからが食べごろ

ARRANGE

蕪の甘酢漬け

大根と同じ工程で、甘酢の材料に、100mlの昆布だしを加えて蕪を漬けると、さっぱりとした、蕪の甘酢漬けの完成です。

― 秋 ―
Column 1

調味料を作って瓶詰にする

トマトケチャップ

材料

トマト（完熟）…… 1kg
玉ねぎ …… 1/4個
セロリ …… 茎5cmくらい
にんにく …… 1片
A｜砂糖 … 大さじ3、塩 … 大さじ1、オールスパイス … 小さじ1、クローブ … 3粒、レモングラス（乾燥）… 3つ、ローリエ … 2枚

作り方

1. 玉ねぎ、セロリ、にんにくをすりおろす。
2. トマトのヘタを取ってミキサーにかけてなめらかになるまで攪拌する。
3. 鍋に1と2とAをいれて混ぜ合わせて中火にかける。
4. 沸いたら、弱火にして煮詰めていく。
5. 水分が飛んでポッテリとしてきたら火を止める。
6. ローリエを取り出して瓶に詰める。

保存｜冷蔵で1ヵ月くらい

瓶詰は主役のおかずだけではなく、調味料も保存できます。
ここでは瓶詰で保存する調味料の紹介です。

バジルオイル

材料

バジル ……5枚くらい
鷹の爪 ……1つ
にんにく ……1片
エクストラバージンオリーブオイル ……適量

作り方

1. バジルをやさしく洗って水を丁寧に拭く。
2. にんにくの皮を剥き、鷹の爪は種を取り出しておく。
3. 1と2を瓶に詰めオリーブオイルを注ぐ。
   ※素材がオイルに使っていないとカビてしまうので要注意。
4. 2週間ほど寝かせたら完成。
   ※すぐに使いきらない場合はバジルは取り出しておく。

保存 | 冷蔵で2週間くらい

パセリバター

材料

有塩バター ……150g〜200g
イタリアンパセリ ……適量
にんにく ……1片

作り方

1. バターを室温にもどしておく。
2. パセリを洗って、しっかり水気を切って乾かし、みじん切りにする。
3. にんにくを擦り下ろす。
4. バターをヘラでなめらかにして、2と3を加える。
5. しっかり混ざったら瓶に詰める。

保存 | 冷蔵で3週間くらい
小分けにして冷凍保存も可。その場合半年くらい

自分で作るからこそわかる
市販品との距離感

作れるものは、作ってみる。

私の食事に対する考え方のひとつです。普段口にしているものは、何でできているのか。なぜ添加物が必要なのか。家庭で手作りすると、どの程度大変なのか。作ってみると、分かります。

マヨネーズは意外と簡単。ケチャップは手間がかかる割に完成量は少ない。生姜やニンニクのすり下ろしはそのまますっただけでは、変色する上、日持ちがしないのでチューブのように手軽には使えない。などなど。

自分の暮らしには、どの程度手作りをしていくのがちょうどよいのか。一度作ってみたら、きちんと納得した上で、市販品を使うことができます。そうやって、自分で作る楽しみを感じながら、台所に立っています。

Chapter 4 | 冬

心も体もぽかぽかに
あたためる瓶詰

みかんやりんご、生姜など
冬は瓶詰にぴったりの素材がいっぱい。
体の芯からあたためて、
冬を健康に過ごすことができます。

みかんの下処理

> 材料

みかん …… 適量
水 …… 500ml
重曹 …… 小さじ1/2〜1

1

みかんの皮を剥き、ひと房ごとに分ける。この時、大きな白い筋はある程度取り除いておく。

2

沸騰した湯に重曹を入れ、みかんをそっと入れる。

3

ときどきゆっくり混ぜながら弱火で3分ほど煮る。混ぜすぎると、みかんが崩れてきてしまうので注意。

いつもは薄皮ごと食べてしまうみかん。
重曹を使って下処理をすれば、綺麗に実だけを取り出すことが出来ます。
シロップ漬けだけでなく、小さいお子さんのおやつ用にも使えて便利です。
あの美味しいみかんの缶詰の味をご自宅でどうぞ。

4
水にとって冷ましたら、楊枝などを使って袋の口を開けていく。

5
後は手で簡単に剥ける。

6
布巾の上などにそっと並べて、しっかりと水分を切る。

→ P.94 みかんのシロップ漬け

みかんのシロップ漬け

みかんがたくさんあったなら、傷んでしまう前にシロップ漬けに。
重曹を使って優しく皮を取り除くと、みかんの実が崩れることなくシロップ漬けにできます。
しっかり冷やして召し上がれ。

> 材料

みかん …… 薄皮を剥いたもの（P.92の下処理参照）適量
水 …… 300ml
砂糖 …… 100g（みかんの量によって調節してください。）
レモン汁 …… 小さじ2

> 作り方

1. 下処理をしたみかんを瓶に詰める。
2. 水と砂糖を鍋でひと煮立ちさせて、火を止めたらレモン汁を加える。
3. 冷めたら1の瓶にシロップを注いで完成。
4. よく冷やして食べる。

保存 ｜ 冷蔵で3日くらい

レモンシロップ

国産レモンが出回る時季には、
ここぞとばかりにレモンを堪能します。
レモンシロップは、炭酸割りもお湯割りもおいしいので
ワンシーズンに何度も作ります。
ビールで割ってレモンビールにするのも美味。

| 材料 |

レモン …… 適量
　　　　　皮ごと使う場合は国産
氷砂糖 …… レモンと同量

| 作り方 |

1. レモンに塩をこすりながら洗い、しっかり水気を切った後、輪切りにして種を取り除く。
2. ビンの底から氷砂糖、レモンを交互に詰めていく。最後は氷砂糖になるようにする。
3. 一日2回〜3回上下を返して、溶けた砂糖をレモンに纏わせる。氷砂糖がしっかり溶けきったら完成。レモンの実は2週間ほどで取り出す。

保存 ｜ 冷蔵で1〜2ヵ月

\ POINT /
皮つきで作るとほろ苦い風味が増します。

ARRANGE

塩レモン

発酵してとろりと熟成した塩レモンは、万能調味料として大活躍します。お肉やお魚を漬けたり、サラダのドレッシングに使ったり。好きなスパイスを加えてアレンジしても良し。オリジナルの塩レモンを作ってみては。

りんごとシナモン

りんごの美味しい季節には、たくさんのお裾分けをいただきます。
大き目にカットしてお砂糖とシナモンで煮ておくと、食後のデザートに最適です。
パイシートで包んで焼けば、ゴロゴロアップルパイの出来上がり。

材料

りんご …… 2個
砂糖 …… りんごの正味量の15%
レモン果汁 …… 1/2個分
シナモンスティック …… 1本
クローブ …… 3粒
水 …… 150ml

作り方

1. りんごの皮を剥いて芯を取り大き目にカットする。
2. 重さを測って15%の砂糖を用意する。
3. 鍋にすべての材料を入れて中火にかける。
4. 沸騰したらアクを取り除いて落し蓋をして弱火で15分ほど煮る。
5. 粗熱が取れたら瓶へ入れて冷蔵保存する。

保存 │ 冷蔵庫で5日間くらい

RECIPE

アップルパイ

少し手間のかかるアップルパイも、りんごのシナモンの瓶詰と冷凍のパイシートがあれば、時短で完成。リンゴが大きくカットされているので、食べ応えがあります。お好みでシナモンを追加しても良し。

金柑のシナモン煮

実家の庭にもなる金柑の実。毎年その恵みをいただいては瓶詰にしています。
実もシロップもおいしくいただきながら風邪予防にも。
シナモンも一緒に煮ておいて、シロップをお湯割りにすれば体が芯から温まります。

材料

金柑 …… 320 g

A ｜ きび糖 …… 100 g
　｜ 水 …… 200ml
　｜ シナモンスティック …… 1本
　｜ クローブ …… 3粒

作り方

1. 金柑をきれいに洗ってへたを取り除いたら、湯を沸かして弱火で5分ほど茹でてアクをぬく。

2. 横半分に切って種を取り除く。

3. 金柑とAを鍋に入れて中火にかけ、沸騰してアクを取ったら弱火にする。落し蓋をして20分ほど煮て、シロップがトロッとしてきたら火を止めて冷ます。冷めたら瓶に移し替えて保存する。

保存 ｜ 冷蔵で2週間くらい

柚子茶

冬の香り、柚子をギュッと凝縮させて柚子茶に。
しっかり下処理すれば苦味が軽い柚子茶になります。
お湯割り以外にも、アイスに添えたりお料理の風味付けに使ったり。
たくさん作っておけば、ゆっくりと柚子を満喫できます。

> 材料

柚子の皮と果汁 ⋯⋯ 350g
蜂蜜 ⋯⋯ 250g
氷砂糖 ⋯⋯ 100g

※柚子の皮＋果汁：蜂蜜＋氷砂糖＝1：1

> 作り方

1. 柚子を横半分に切って果汁を絞り、皮を剥く。
2. スプーン等を使って、皮の内側にある渋皮をこそぎ取る。
3. 皮を細切りにしたら、苦味を取るため柚子の皮を2・3回茹でこぼす。
4. 皮が冷めたらしっかりと水分を絞って皮と果汁の重量を確認する。蜂蜜と砂糖を用意する。
5. 氷砂糖と皮を交互に瓶に詰めて、果汁と蜂蜜を注ぐ。
6. 氷砂糖が溶けて全体が馴染むまで待って完成。

保存 ｜ 冷蔵で1ヵ月くらい

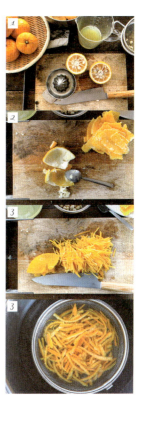

ARRANGE

ゆずぽん酢

傷が多い柚子があったら、果汁を絞って自家製ポン酢にするのもおすすめ。果汁と同量の醤油と20％の味りんを、かつお節と昆布（適量）を詰めた瓶に注いで一週間くらい待つだけ。
自家製のぽん酢でいただくお鍋は格別です。冷蔵庫で寝かせると、どんどんまろやかに。煮切りみりんを使えば、子ども達も安心していただけます。

花梨の蜂蜜漬け

花梨から広がる華やかな香りをかぎながら、
蜂蜜漬けを作ります。
実こそ食べられないけれど、
花梨のエキスは冬の養生には欠かせません。
喉の不調を感じたら、豆皿に一杯飲んで、潤します。

> 材料

花梨 …… 4〜5個
蜂蜜 …… 適量

> 作り方

1. 花梨をぬるま湯で洗い油分を取って、水分を拭き取り、皮ごとイチョウ切りにする。種は取っておいて、お茶パックに詰めておく。
2. 瓶に種と花梨を詰める。
3. 蜂蜜をひたひたになるまで注ぐ。
4. 2ヵ月ほど寝かせて花梨のエキスを抽出する。
5. 花梨の実と種を濾して別の容器に移し替える。

保存 │ 冷蔵で1年くらい

花梨酒

蜂蜜漬けと同時に仕込むのが花梨酒。芳醇な香りと効能を閉じ込めたお酒です。
風邪のひき初めにはお湯割りにしてちびちびと。香りに癒され、体も温まります。
じっくり半年ほど寝かせるとよりおいしくなります。

 材料

花梨 …… 500g

ホワイトリカー …… 700ml

氷砂糖 …… 300g

作り方

1. 花梨はぬるま湯で洗って油を取る

2. しっかり水気を拭いたら1cmの厚さの輪切りにする（種もそのまま）。

3. 氷砂糖と一緒に瓶に詰める。

4. ホワイトリカーを注ぐ。

5. 半年後に実と種を取り出して保存する（半年以上漬けるとえぐみがでる）。

飲み頃 │ 半年以降

生姜の蜂蜜煮

たっぷりの生姜と蜂蜜。数日寝かせて使えば、
冷え切った体を末端から温めてくれる力を持っています。
お湯で割ったり、料理に使ったり。
紅茶に入れるのもオススメです。

| 材料 |

生姜2：蜂蜜2：水1

| 作り方 |

1. 生姜をみじん切りにする（皮ごとでも良し）。
2. 鍋に生姜と蜂蜜、水半量を入れて弱火にかける。
3. 焦げやすいのでかき混ぜながら、残りの水を少しずつ加えて煮詰める。
4. 粗熱が取れたら、瓶に入れて保存。

保存　│　冷蔵で1ヵ月くらい

RECIPE

体もぽかぽか お湯割り・炭酸割り

体をあたためてくれる生姜の蜂蜜煮はお料理にも大活躍です。お湯割りや炭酸割りなどのドリンクとしてはもちろん、生姜焼きや角煮などの味の濃い煮物などにもアクセントとしても使えます。

おわりに

　私の暮らしのこだわりは、"自分自身が楽しむこと"です。仕事や育児に追われている日々の中で、どうやって自分の気持ちを上げて乗り切っていこうかと考えたとき、家事を趣味のひとつとして楽しもうと思い立ちました。生活する上で切り離せない家事だからこそ、素材にこだわって道具を選んでみたり、料理をただの作業ではなく、創作の楽しみに変えてみたり。季節を意識して過ごしながら、無理なく心地よく行えるように心がけています。

　家事を楽しむことで、日々の生活が彩られ、笑顔が増える。私の心が満たされることは、家族の暮らしを豊かにすることにもつながると信じて過ごしています。そして、そんな中で出会ったのが、趣味と実用を兼ねた瓶詰づくりです。季節の移ろいを感じながら瓶詰づくりを楽しむことで、それを食べた家族が喜んでくれる。瓶詰づくりは、私にとって幸せを感じる台所仕事です。

　写真を撮るのが好きで、日常のひとコマを切り取った写真をインスタグラムに投稿し始めて数年が経ちました。宛名のないポストカードを作るような気持ちで投稿している中、今回『季節を味わう　初めてのびん詰め』の出版に携わる素晴らしい機会をいただくことができました。これも、いつも私の投稿を見てくださる皆様のおかげです。

　最後になりますが、この本を作るに当たって、力を尽くしてくださった方々に、この場を借りて心よりお礼申し上げます。根気強く支えてくださった編集の髙作様、私を見つけてお声がけくださった安藤様、ありがとうございます。そして、温かく見守り、支えてくれた家族にも感謝の気持ちを伝えたいと思います。家族の理解と協力があったからこそ、ここまでたどり着くことができました。

　また、この本を手に取ってくださった皆様、心から感謝を申し上げます。この本を通じて、季節を感じる楽しみや、瓶詰づくりに興味を持っていただけたら嬉しいです。瓶詰を眺めることで心癒されるひとときが訪れますように。ゆっくりと楽しんでいただければ幸いです。

qililly / セキネユリ

qillilly / セキネユリ

1983年、埼玉生まれ。息子と娘、夫の4人暮らし。家事を趣味として楽しみ、日々の生活を彩っている。季節の食材を使った台所仕事の記録や家事の様子を撮影し、ひとりごとを添えてインスタグラムに発信中。台所を拠点に、日常の小さな幸せと笑顔を大切にしながら、心豊かな暮らしを目指している。

Instagram @qillilly

装丁・本文デザイン	小澤都子（レンデデザイン）
企画・編集	手塚海香【山と溪谷社】 （株）ナイスク　naisg.com 松尾里央　高作真紀　安藤沙帆

季節を味わう　初めてのびん詰め

発行日　2025年1月5日　初版第1刷発行

著者	qillilly
発行人	川崎深雪
発行所	株式会社 山と溪谷社 〒101-0051 東京都千代田区神田神保町1丁目105番地 https://www.yamakei.co.jp/
印刷・製本	株式会社シナノ

●乱丁・落丁、及び内容に関するお問合せ先
山と溪谷社自動応答サービス　TEL.03-6744-1900
受付時間／11：00-16：00（土日、祝日を除く）
メールもご利用ください。
【乱丁・落丁】service@yamakei.co.jp 【内容】info@yamakei.co.jp

●書店・取次様からのご注文先
山と溪谷社受注センター　TEL.048-458-3583　FAX.048-421-0513

●書店・取次様からのご注文以外のお問合せ先
eigyo@yamakei.co.jp

©2024 qillilly,NAISG All rights reserved. Printed in Japan
ISBN978-4-635-45084-3